MW01286512

E

ELISEO DIEGO

En la calzada de Jesús del Monte

En la calzada de Jesús del Monte fue publicado en 1949 por Ediciones *Orígenes*, reeditado facsimilarmente en 1997 por la UNEAC, y luego integrado al tomo de *Poesía*, que compendiaba toda la obra de Eliseo Diego, realizado por Editorial Letras Cubanas. Desde entonces, sólo ha sido recogido en la *Obra poética* (2009), editada por el Fondo de Cultura Económica. Debido a su dificilísima obtención en el mercado ibero-americano, dicidimos recuperar texto tan valioso.

EDICIONES CARRO DE HENO
Somos un espacio–colectivo de recuperación
literaria hispanoamericana.
Devolvemos al papel textos que están flotando
en el ciberespacio, porque apostamos a la ternura del libro.

BUENOS AIRES | CALI | NUEVA YORK | MADRID | SANTIAGO
SANTO DOMINGO | LIMA | LA HABANA | SAN JUAN

Para comunicaciones:
edicionescarrodeheno@gmail.com

≋Eliseo Diego≋

≋(La Habana, 1920 – Ciudad México, 1994). ≋

≋Poeta, narrador, ensayista, traductor, uno de los fundadores de la mítica revista *Orígenes* (1944). Sus títulos poéticos son: *En la calzada de Jesús del Monte* (1949), *Por los extraños pueblos* (1958), *El oscuro esplendor* (1966), *Libro de las maravillas de Boloña* (1967), *Los días de tu vida* (1977), *A través de mi espejo* (1981), *Inventario de asombros* (1982), *Veintiséis poemas recientes* (1986), *Soñar despierto* (1988), *Cuatro de oros* (1990). Publicó, además, tres libros de cuentos: *En las oscuras manos del olvido* (1942), *Divertimentos* (1946), *Noticias de La Quimera* (1975).

Con *En la calzada de Jesús del Monte* Eliseo Diego se establece como una de las voces más originales de la poética cubana del siglo XX. Sin embargo, salvo en sus dos reediciones cubanas (1987 y 1993) y su inclusión en su *Obra poética* (FCE, 2009), es un libro de imposible adquisición. De ahí su inclusión en Editorial CARRO DE HENO, una propuesta de recuperación literaria.

ÍNDICE

"que toda la vida es sueño"

DEDICATORIA

Este es un texto que dedico a la amistad, estas son unas palabras dichas por la tarde a unos amigos —para sabernos mejor la conmovedora belleza de este mundo. Su escritura no es sino un ardid para engañar al tiempo, y que dure un poco más el eco suave.

Y lo encomiendo a Bella, clarísima razón de toda soledad, mi compañía; y a Fina, su hermana, que tanto me ha oído, por lo gracia que con ella nos fue concedida; y a Cintio Vitier por el privilegio de conocerle, a él, que tan de firme y con trémula pureza mira; y a Agustín Pi, misterioso y de veras, agudo y arduo: y a Gastón baquero en recuerdo de las horas que nos salvó con la mejor magia, y a Octavio Smith, ardiente y justo, y a Julián Orbón, el músico.

Y finalmente, al Padre Ángel Gaztelu, la alegría de cuya amistad no sabré cómo agradecerla nunca; y a José Lezama Lima, el poeta —el mundo que él hizo ha hecho posibles tantas cosas.

Es así que van escritos mis textos. Séanos concedido hablar, con más que tiempo, en otro espacio libre. Yo por esto ruego.

En La Habana, el día 7 de enero de 1948.

I

EL PRIMER DISCURSO

En la Calzada más bien enorme de Jesús del
                                        Monte
donde la demasiada luz forma otras paredes con
                                        el polvo
cansa mi principal costumbre de recordar un nombre,

y va voy figurándome que soy algún portón insomne
que fijamente mira el ruido suave de las sombras
alrededor de las columnas distraídas y grandes en su
calma.

Cuánto abruma mi suerte, que barajan mis días estos
                                        dedos de piedra
en el rincón oculto que orea de prisa la nostalgia
como un soplo que nombra el espacio dichoso de la
                                        fiesta.

Al centro de la noche, centro también de la provincia,
he sentido los astros como espuma de oro deshacerse
si en el silencio delgado penetraba.

Redondas naves despaciosas lanudas de celestes algas
daban ganas de irse por la bahía en sosiego
más allá de las finas rompientes estrelladas.

Y en la ciudad las casas eran altas murallas para que
                                        las tinieblas quiebren,
¡oh el hervor callado de la luna que sitia las tapias
                                        blancas
y el ruido de las aguas que hacia el origen se
                                        apresuran!,

y daban miedo las tablas frágiles del sueño lamidas por
la noche vasta.
Mas en los días el vuelo desgarrador de la paloma
embriagaba mis ojos con la gracia cruel de las
distancias.

Cómo pesa mi nombre, qué maciza paciencia para jugar
sus días
en esta isla pequeña rodeada por Dios en todas partes,
canto del mar y canto irrestañable de los astros.

Calzada, reino, sueño mío, de veras tú me comprendes
cuando la demasiada luz forma nuevas paredes con el
polvo
y mi costumbre me abruma y en ti ciego me descanso.

Por la Calzada de Jesús del Monte transcurrió mi infancia, de la tiniebla húmeda que era el vientre de mi campo al gran cráneo ahumado de alucinaciones que es la ciudad. Por la Calzada de Jesús del Monte, por esta vena de piedras he ascendido, ciego de realidad entrañable, hasta que me cogió el torbellino endemoniado de ficciones y la ciudad imaginó los incesantes fantasmas que me esconden. Pero ahora retorna la circulación de la sangre y me vuelvo del cerebro a la entraña, que es donde sucede la muerte, puesto que lo que abruma en ella es lo que pesa.

Y a medida que me vuelvo más real el soplo del pánico me purifica.

Y sin embargo, aun tiene tiempo la Calzada de Jesús del Monte para enseñarme el reverso claro de la muerte, la extraña conciliación de los días de la semana con la eternidad.

En el orbe tumultuoso si bien estático de sus velorios, metido en el oro de su pompa, allí se abren por primera vez mis ojos; de allí me vuelvo al origen.

II

EL SEGUNDO DISCURSO:
AQUÍ UN MOMENTO

Tendrán que oírme decir no me conozco, no sé
quién ríe por mí la noble broma,
en torno de mi abuelo dicen
que buen vino rondaba,
que gruesa frente y respirar de toro,
dicen, aquí en familia,
que su padre rompió la sien como crujiente almendra
para moler la noche ciega,
para librar la sombra
que le cegaba la nariz al moro,
sino que puede que fuese mi vecino
puesto que toda muerte, dicen,
es sólo un crimen, una farsa salvaje,
y hace ya tanto tiempo que no importa
hacen ya tantos viernes
¿barajas las semanas?
que no sé si es el sueño de ayer tarde
o el recuerdo que tengo,
que tuve, que tenía de mis manos,
que dos espejos, dicen, fácilmente procuran
estas visiones y yo digo
que primero me invento alguna cosa
con que alarme las cuerdas de la cara
y luego los abuelos, quizás, y la memoria.
Porque yo vi la pesadumbre,
las jerarquías cerradas del velorio,
la madera final y la pobreza,
me pasma lo callado, brutalmente
me pasma lo callado y digo

no sé quién ríe por mí la noble broma,
no me conozco, dicen, qué buen vino,
dejadme que lo piense aquí un momento.

Aquí en el patio, junto
a las columnas romanas, impasibles
en su agobiada pesadumbre, altas,
y mientras hiere mi garganta
la transparencia de la noche,
tan profunda, tan limpia
que saciara la sed de mi tiniebla,
mientras recuento los brocados
y otras riquezas oscuras de mi tedio
con la mano sagaz, la mano ciega,
y confundo las palmas
con los desgarradores sucedidos
en la tarde del Viernes,
por no dormirme antes de tiempo,
confundo los harapos
polvorientos del alma
con el abrigo luzbel de la baraja,
imagino las harpas silenciosas,
el llanto de David,
las caras aguzadas
de los vecinos y su pena,
sepulto mi lugar en áurea fábula
sin poder remediarlo,
por no dormirme antes de tiempo,
sigo pensando, aquí, mi amigo, sucediéndome.

Dicen que soy reciente, de ayer mismo,
que nada tengo en qué pensar, que baile
como los frutos que la demencia impulsa.
Si dejo de soñar quién nos abriga entonces,
si dejo de pensar este sueño

con qué lengua dirán
éste inventó edades si nadie ya las habrá nunca.
Porque no sé de nada duro a no ser la semilla,
la muerte florecida con mis lujosas invenciones
que una por una entre mi sangre bajan a los huesos,
debo soñar a Plauto, y al guerrero
cubierto de lejano polvo,
cubierto de mi polvo junto al río.
Luego de la primera muerte, señores, las imágenes,
la despaciosa siega final, el canto llano
luego de la primera comprobación de la ceniza,
luego de bien molida por los voraces ojos
dirán allí en el campo mira
tu hijo está temblando,
recién ahora lo vimos entre las espigas
recién cortadas como crujiente torre,
recién ahora
lo vimos, testifica,
di si es verdad el relumbre bermejo de la sangre,
bajo la telaraña menuda de las sombras
y la fragancia de las raídas hojas,
di si es verdad, contempla, testifica,
este manchado estorbo de los ojos,
mugrienta bestia, petrifica sus garras en el polvo,
abomina quien dice
que sea nuestro lamentado hermano,
los de las filas más lejanas
alcen la voz, auguren, testifiquen
cómo nos envenena
este residuo infame,
mientras tú, me dirán,
como un sueño que tengas, como un sueño tan sólo,
mientras tú, me dirán,
qué, no te importa
del desgarrante hielo que nos mueve

como la cuerda a un pelele,
pero nosotros sí, nosotros vemos
y una palabra, un alarido jamás visto
por el gallardo viento pastor de los crepúsculos
para llamarte inauguramos,
para sacarte de tu contemplación de la miseria,
para que vengas recién ahora donde
tu hijo Caín está temblando.

Porque yo soy reciente, de ayer mismo,
mientras soñaba, como un sueño
lo miro desangrarse como un sueño
que acaba en humo, en el vacío del alba,
como el recuerdo que tengo de ayer tarde
o la lívida máscara con que socorro la penuria,
la indecible, la trágica penuria de mis muertos,
puesto que nunca
puedo mirar los surcos de tu boca
y un mismo paño hace
tu traje de costumbre, padre,
y el lienzo que imagino rojo
bajo las manos manchadas de remotos reyes,
y me confundo de lugar y año
diciendo: fue por el noventa,
cuándo lo viste, tú lo sueñas,
porque yo soy reciente cada día,
digamos que soy,
digamos que soy el que contempla
su horror en dos espejos,
y es a la vez el que contempla
y el infinito pavor de las imágenes,
digamos que me invento, que procuro
restañar este rostro con mis manos,
que dos espejos las esparcen,
estas visiones, que la muerte

ha de ser como un hombre
contemplando su horror en el espejo,
como Caín y Abel ya frente a frente,
como Caín y Abel reunidos en Adán, como la muerte.

Y pregunto qué sea
el lugar donde vivo, este mi sitio
de pensar un momento,
los helados alambres, esta palma,
y el niño de Damasco, el grave niño
que viene con el asno
atravesando por el humo
alucinante siempre del bohío,
y esta costumbre,
esta costumbre de soñar lo mismo,
siempre lo mismo, siempre
los espejos dorados como el tiempo,
hasta cumplir la edad de siete años,
y ver la pesadumbre,
la piedad de los paños
apagando los últimos reflejos,
y ver la pesadumbre,
la pobreza solemne de este pobre.

Tendrán que oírme decir no me conozco,
aquí en el patio, junto
a las columnas que toco provincianas,
no sé quién ríe por mí la noble broma,
pero en torno de aquel hombre veo
que su padre lo ronda,
en las selladas jerarquías del polvo,
velándole la muerte
como el sol en torno de la tierra,
mirándolo tan fijo. Dejadme que restañe
la minuciosa fuga de mis ojos,

que les devuelva el canto, su pobreza,
la ternura paciente de mi día
a la traición volviendo y a la nada.

Cómo el oscuro tedio nos reunía
en la cerrada estancia de su polvo
alrededor de la pobreza suma.
Y su paciencia nos empobrecía
las ilusiones fastuosas de la cena,
este lujo del sueño por mis ojos.
Pobres, solemnes pobres, ya veían
el alba cenicienta de las cosas,
la estrechez de mi lugar, la noche,
aquella irreparable jerarquía
de la madera, la voz y el arduo fuego
en la redonda isla del velorio.
A la salida, qué distintos,
qué limpios, qué recientes eran
recordando la calle solamente,
su aspereza filial, su extraña lumbre,
su temblorosa realidad naciendo.

Pero si dejo de soñar
quién nos abriga entonces, si la nada
es también el dormir, pesadamente
la caída sin voz entre la sombra.
Oh la noche es distinta, la mirada,
la memoria del Padre, el Paraíso
realizado en la tierra, como un nombre!

Y ahora es el tiempo de levantarme y de trazar
mi amplio gesto diciendo:
luego de la primera muerte, señores, las imágenes,
invéntense los jueves,
los unicornios, los ciervos y los asnos

y los frutos de la demencia
y las leyes, en fin,
y el paño universal del sueño
espeso de criaturas, de fábulas, de tedio,
hinchado por el soplo de los dispersos días
verán el libro de las generaciones
y cómo el olvido engendró a la muerte
cuyos morados ojos decimos la distancia,
cómo la muerte engendró a mi espejo,
mi espejo engendró
la fiel imagen que inicia su periplo
entre las barbas rielantes que orillan los dormidos
ancianos, porque después de la primera comprobación
de la ceniza,
cuando arrugan mi piel los pómulos del viejo
y en la pared opuesta, por el azogue nocturno de
la sangre
aquel fervor oscuro, aquella música
de mis huesos se pierde irrestañable,
cuando todo es uno, el día y el recuerdo
en el oficio de la lluvia que pulsa las persianas,
la mirada segura nos deshace
su deleitoso paño entreverado de sierpes
y en la pobreza intacta del polvo se resume.

III

No podría decirles nunca: esto fue un sueño, y esto fue mi vida.

Pero en un principio no fue así. En un principio la mesa estuvo realmente puesta, y mi padre cruzó las manos sobra el mantel realmente, y el agua santificó mi garganta.

VOY A NOMBRAR LAS COSAS

Voy a nombrar las cosas, los sonoros
altos que ven el festejar del viento,
los portales profundos, las mamparas
cerradas a la sombra y al silencio.

Y el interior sagrado, la penumbra
que surcan los oficios polvorientos,
la madera del hombre, la nocturna
madera de mi cuerpo cuando duermo.

Y la pobreza del lugar, y el polvo
en que testaron las huellas de mi padre,
sitios de piedra decidida y limpia,
despojados de sombra, siempre iguales.

Sin olvidar la compasión del fuego
en la intemperie del solar distante
ni el sacramento gozoso de la lluvia
en el humilde cáliz de mi parque.

Ni tu estupendo muro, mediodía,
terso y añil e interminable.

Con la mirada inmóvil del verano
mi cariño sabrá de las veredas
por donde huyen los ávidos domingos
y regresan, ya lunes, cabizbajos.

Y nombraré las cosas, tan despacio
que cuando pierda el Paraíso de mi calle
y mis olvidos me la vuelvan sueño,
pueda llamarlas de pronto con el alba.

Y la Calzada de Jesús del Monte estaba hecha, aquel día cuando ascendí, por la contemplación de la miseria, a ver la pobreza de mi lugar naciendo; estaba hecha de tres materias diferentes: la piedra de sus columnas, la penumbra del Paso de Agua Dulce y el polvo que acumulaban sus portales.

Rehacen las materias el canto llano de su
                                    pesadumbre
a la hora ceniza en que la tarde lacia duerme
por el vacío volviendo hasta colmar el hondo pecho
                                    de la calma.

El son de la madera, su espesura total, cerrada noche
donde las manos alzan los sonidos oscuros, lentas aves
que por la noche se hunden como cruzando ciegas
                                    la memoria.

Las cornisas, la grave declamación de su reposo
sobre la inconmovible sensatez de los pórticos
con sus pesos colmados en la medida fiel del bajo.

Los vidrios que maldicen con agudo furor sus formas
y en la familia irrumpen y aíslan de pánico las cosas,
las implacables miniaturas cuyo revés pensó mi
                                    angustia.

Los hierros armoniosos que van en las carretas
iluminando reciamente alegres la pobreza
cuando las nubes rezagadas en mala sombra nos
                                    sepultan.

Y las campanas, jueces de voz terriblemente bella
que nombran en el bronce la estatura de la tierra
donde tus huesos crujen, calle, con la promesa
                                    enorme de mi muerte.

LAS COLUMNAS

En procesión muy lenta figuran las columnas
                                el reposo
cuando cernidas sus semejanzas hallo
la permanencia real de la mañana.
Como el rostro de Dios pacífico resplandece pétreo el río
cuando ceñido por el instante trémulo
es la eternidad quien a sí misma contempla.
Semejantes al Padre Nuestro
cuyas palabras están contadas pero de pronto no pasará
                                ya nunca
sus columnas sostienen cuán poderosamente
la combada techumbre del día jueves
y en tal espacio se detuvo mi sangre
y un pánico tranquilo soplaba por las venas
en misteriosas mañanas de Domingo
por la Calzada más bien enorme de Jesús del Monte.
Las hogueras nevadas en figura de torres
han extinguido la danza de las hojas
pero qué suave alabanza si abriesen la portada
sería la redonda meditación de las lomas
que contemplan los viajes y la desesperanza de mi
                                puerto
para el dulce tamaño de la vida que miden estas
                                lejanías.

EL PASO DE AGUA DULCE

A veces en el Paso crepuscular de Agua Dulce ha
                                        despertado
donde nunca las aguas están de sus cuerpos
                                        presentes
aquel olor anciano a medicinas escarchadas
sobre madera tibia transformando la tierra
en estancia perfecta cuya penumbra mora en los
                                        sentidos,
y era detrás de las persianas y lejos
que tales aguas su claridad me proponían.

Y otras veces el Paso me deslumbró en su estricta
                                        intemperie
como aquel otro paso donde cegaron el caballo
de Blas González el Viejo cuando metió los cascos en
                                        la nada.

Quedábame vacío, uno por uno perdiendo mis recuerdos
como el vaso raído en la mesa de los pobres
y aquella luz no era la familiar de mis atardecidas
siendo, como lo era, el corazón mismo del día.

En demorado paseo el risueño café gallardo siempre
nostálgico miraba la estación primera de la noche,
a donde llegan esparciendo sus nieblas temblorosas
los trenes roncos en formidable plante,
humosos y especiales, llenos de miedo y de mentiras
                                        grandes,
poblados de penumbras, solemnes, y difuntas tardes.

Cruce de sol y pena, el campo, los caminos
y el sabor de la vida en mi lengua fantástica,
oscurecido mi nombre bajo las cejas cerradas,
qué bien anochecían las aguas dulces en el filoso cauce,
sombra de aguas sola entre sombras cegadas.

Porque de cierto un arroyuelo muy profundo pasaba
entre las casas blancas, las tapias, las dolidas tejas,
porque de cierto es muchas veces peligroso
el cruce tan humilde, el ceniciento
Paso de nuestras Aguas Dulces, el siempre atardecido.

LOS PORTALES

Entre la tarde caldeados, desiertos fijamente, a
                                              solas
esparcían su ociosa figuración de la penumbra
los portales profundos, que nunca fueron el umbral
                              venturoso de la siesta,
la que rocía con dedos suaves los sonidos y ahonda
                                      las estancias,
sino que arden hacia dentro como los ojos blancos de los
ángeles
en sus nichos de piedra que la lluvia rural va
                                      desgastando.
También la lluvia los oprime, también roe sus columnas
                              como vejez la lluvia
rodando sordamente por los aleros, son del tiempo,
                              vasta como el canto.
Y el sol, el rojo sol como garganta que un alarido raspa.
Es allí que alterna la majestad sombría de las bestias
                              ocultas en el húmedo patio
con la redonda gracia del almacén ungido por el sabroso
humo y el alimento espeso de la luz.
Melancólicamente las ventanas dormidas añoran la
                                      provincia,
las memorables fiestas de la brisa y el mundo,
en tanto las barandas de hierro, carcomidas por el
                              aciago fervor del polvo lento,
entre los aires tuercen alucinantes sueños y esperanzas.
También el aire, su demencia tranquila los recorre.
Y acumulaban polvo, eran lujosos en polvo como los
                              majestuosos pobres
cuando pasean los caminos cubriéndose de polvo desde
                              los anchos pechos

como si el polvo de la Creación fuese la ropa familiar de
                              un hombre,
con parecida simplicidad temible colmábanse
                              los portales
de aquel polvo tan hondo, tan espeso, alucinante agobio
                              de los ojos,
desde la fuente de Agua Dulce al nacimiento sombrío
                              del silencio.
Es allí que alterna la vejez de las tablas oscurecidas
                              blandamente
con la piedra rugosa, nevada y pontificia que coronan
                              las nubes con su purpúrea hiedra.
Y el tumultuoso viento henchido de voces como río que
                              surca el escándalo bermejo de los peces.
La piel áspera y tensa del polvo nunca supo el alivio del
                              árbol ni la grácil ternura de las danzantes hierbas.
Corredores profundos atraviesan la tarde con un fervor
                              de soledad demente.
Ah de las puertas petrificadas bajo la canosa locura de
                              su nieve
cuando la brisa solitaria canta y las criollas tablas
                              dulcísimas y pobres se contestan.
Y aquel oro tan suave, que ilumina el arrugado rostro
                              de los muros
como un fuego lejano que dibuja en el cristal las
                              amorosas nuevas del pan y la familia,
su pensamiento secreto nos ofrece como el oculto
                              corazón de Dios.

IV

Oigamos las figuras, el son tranquilo de las formas,
las casas transparentes donde las tardes breves suenan
con el rumor distinto del agua en variadas copas,
y su canción humilde sueñen igual que las esferas.

De río bondadoso tu lumbre y tus pausados giros
entre la espesura petrificada de los años
alegremente llaman y las riberas de tus niños
por un extraño aire de gozo y de quietud vibrados.

Las columnas recogen el fino paño de sus sombras,
recamadas a veces por las monedas del recuerdo,
como los senadores juzgan acerca de las formas
y su meditación va profundizando el silencio.

Las ventanas de párpados agobiados con el polvo
pesarosas componen en versos largos el destino,
mas la penumbra mueve por ellas su lenguaje hondo
que la función del pardo extiende bajo los sonidos.

El salmo de las hebras rubias que tañen aires ciegos
por encima del bando de las danzantes ropas alza
su alabanza tranquila de lo azul, su pensamiento,
y por los altos flota la melodía delicada.

Profundas resonancias cavan las manos de los viejos
si en los delgados pechos van trabajosas afanándose,
y las gibas blasfeman junto a muros cenicientos
y crujen los tendones de los caballos y el coraje.

Las ropas sofocadas por su lluviosa pesadumbre
cuelgan de nuestros cuellos como las macilentas pausas

en que retumban como carretas de morir las nubes
y se llenan de sombras y augurios las mamparas.

Pero vuelve, de ola de mármol vuelve la voz dorada
cegando sus misterios el oído en tinieblas vuelven
la bramadora sangre de las paredes desmembradas
y tu apagado canto, rostro, ensordeciéndome.

Es así que puesto a mirar les oigo las diferentes formas de pesar sobre el mundo. Y llega una nube extraña y sobreviene el silencio de un interior sagrado y fresco; pero pasa la nube y vuelve el canto, y en el canto mi gente, sorda, que se repite incesante, hacia la pureza final de otro silencio.

EN LA PAZ DEL DOMINGO

Estaba la Calzada hecha de sucesivas piedras
como los versos bien trabados de un salmo.
En la paz del Domingo, frente a frente, de pronto
parecía que los portales acodados jugaban con las
sombras,
abastados de fe como de pan, y a la baraja, siendo las
cartas el Domingo espléndido,
rey de una sola pieza de ingenua púrpura
con su corona de amarillo agudo como la risa de un niño
el espadón añil que descabeza las nubes galopantes,
y el lunes, as de bastos, y el miércoles, y el jueves, cuyos
reversos
forman las finísimas hebras doradas de los astros.
Hombro con hombro las casas parecían una muralla tan
sencilla y pura como la terquedad de un pobre:
no crecerá la yerba, sigilosa librea de la inocente y
blanda muerte,
la Calzada está para quedarse, le sobra ocio, despojada
de sueños su piedra es blanca y dorada como el pan.
Así con gesto de sagrada retórica y augusto polvo
declamábamos
olvidando la grave magnitud de nuestra simplicidad.
Y aun a veces la casa pequeña, de madera doliente, se
asoma y canta
bendecida del viento, que menciona su nombre hacia
la parte final de los salmos.

EN LA ESQUINA

Desde lejos venían y se han cogido del brazo como
libertadores gigantescos
y prosiguen su marcha entre las casas que los
miran azorados
vestidas de colores distintos, rojas unas, otras añiles,
una envidiosamente amarilla, violetas las más o
pálidas
Luyanó y Jesús del Monte resplandeciendo sus torsos
como si fuesen dos ríos jóvenes crueles de transparencia
y ruido,
el más pequeño cubierto del rocío dorado en las albas a
la intemperie de la Isla
pero el otro con sombras aún en los ojos,
sombras de los recodos más que remotos de la provincia,
sombras del rincón de Apolo o de Santiago el
de las Vegas,
donde los cielos son la fronda de un gran álamo
o framboyán que los cobija,
donde no vemos las riberas del mar, sus aguas delgadas,
profundas, cristalinas
hasta su fondo de estrellas, como en las llanuras
marítimas
del Camagüey, el silencioso, el echado de bruces contra
las aguas nocturnas de su cielo.

LA IGLESIA

Sobre la desolada perfección de lo pétreo
sin caridad elevan una muralla que no conoce
                                        término
para que la costumbre dulcemente bestial
que dimos al cansancio se rompa por la cuesta
con la sentencia insobornable de la cuesta
que deberán subir los ojos ensombrecidos por el macizo
                                        fuego
en penitencia del espíritu
que deberá cansarse cuando se cansa nuestro cuerpo.
Pero sobre los lomos de la roca que nadie
supo quién hizo por piedad gigantesca
como sobre la mano cuidadosa de nuestro padre
santificada por la noche purpúrea de los magos
hay una iglesia, unos álamos, unos bancos muy viejos
y una penumbra bondadosa que siempre
se ha prestado grave a los recuerdos

LA CASA

I

Las dos entre la sombra y en la pared el viernes
ardiendo inmóvil como vellón purísimo del fuego.
Y la vida cayendo despacio, sin sentirlo,
como la luz de los árboles cenizos
o el rugoso sillón de la mano que duerme.
Y ver pasar las nubes, y los años
entre los ojos, distantes hacia la noche última.
La familiar baranda me rehace las manos
y el portal, como un padre, mis días me devuelve.

2

Está la sala poblada de criaturas
como el mar o un bosque de los primeros días.
Sus diversas especies: los venturosos jarrones
a quienes alimentan las despedidas más dulces,
las sillas ágiles inclinadas al agua del espejo
y esa fina serpiente de la lluvia, que danza
entre las hojas de la pared raída.
Y las manos tan tristes del abuelo,
en otra sala, en esperanza y luz distintas.

3

La mesa de comer, la buena mesa
enjaezada de nieve con abejas de oro
como un asno, irónicamente burdo y fidelísimo,
en perpetuo domingo. Extraña fiesta
y suave horror de comer
mientras en torno los silenciosos días

los recuerdos esparcen, los nombres, los sonidos,
y entre la lumbre del pan las manos cruzan
apacibles y bellas, de razonable forma.

4

La penumbra del patio, suave y honda
cobija de la luna bajo nocturnos plátanos,
esparciendo su aroma, la nostalgia,
la familiar distancia de sus astros,
enamora mis ojos, los descansa
como la noche o mi perdida casa.

EN LA MARMOLERÍA

En la marmolería italiana la nieve perdura largo
                                              tiempo,
tanto, Señor, que algunos carámbanos son ya
                    tan viejos como mis propios viernes.
El vaho cadavérico que cala su profunda tramoya de
                                                invierno
es un vaho de morgue taciturno sin mucha suerte.

Tengo la sensación de que los ojos de cierto añorado
                                              miércoles
se han perdido en el bosque de piernas azoradas
                              y brazos penitentes,
por lo que ya no puedo ni podré nunca verlo.)

Calzada de Jesús del Monte, aquí demuestras tu gran
                                              sabiduría,
tu corazón inteligente, porque nos cargas hasta la
                            podredumbre tonta de la muerte,
porque nos eres el Cementerio mudo de Colón,
                                que tememos,
y nos enseñas la fertilidad que hay en los cadáveres
                                                calados
de intemperie, allí en lo que llamábamos con tanto asco
                                el muerto,
que no es el moribundo ni tampoco la muerte.
Porque de no ser así, qué será el bienestar que siento
cuando por los cristales oigo la quietud de la nieve
mármoles italianos, y mis difuntos no los cuento
sin pesar de los años y qué familiarmente.

LA QUINTA

En un tiempo mis padres socavaron el tedio voraz
del color blanco
valiéndose de gárgolas lunáticas que prodigaban
por juego las tinieblas,
y aquellos hipogrifos de cemento que lograron a
fuerza de paciencia consagradora pátina
callando conseguían disimular sus bromas y extender
la penumbra con un vago terror hacia la noche.
Más importante aún era el negrito a quien hacía tanta
gracia la nada
sentado junto a las escaleras que siempre pretendieron
ser unos saltos de agua
y a quien acompañaba no sé si por su gusto el silencioso
gato
sobre la tapia intenso, contra la tarde rojo, enigma
pobre, conmovedor qué será de mi barrio.
Las japonesas cuevas, escasas y profundas con la
profundidad de una noche pintada en una tabla,
y aquellas mentes ciegas, y las acequias hondas por las
fragantes tardes paseadas.
Escribo todo esto con la melancolía de quien redacta un
documento.
Como quien ve la ruina, la intemperie funesta
contemplando el raído interior del griego.
Digo cómo debían ser el ocio tan suave y el paso regio y
la ternura graciosa del paseo
cuando volvían a la casa despacio entre las aguas
limpias de la fuente, mirados por las criaturas
extáticas del parque,

cuando la noche no siempre comenzaba en la caída, sino
      que también era la tiniebla lustrosa del inútil
      recodo
socavando el tedio de la cal, el horror de la pared como
      vacío deslumbrante.
Aquel negrito, aquellos hipogrifos que gustaban
      magistralmente de la lluvia
saboreando las gotas y el color gris como si el frío fuese
      de veras parte de sus almas,
y el nombre de la quinta, que las filosas enredaderas
      trenzaban con variadas flores de reluciente
      hierro,
los gobernados arroyuelos de piedra por donde
      navegaban los bergantines dorados de las hojas
sin saber el tamaño menudo y deleitoso de su aventura
      ni el agradable olvido de aquel sombrío puerto,
el jardín de la quinta donde termina la Calzada y
      comienza el nacimiento silencioso del campo y
      de la noche,
raído por el sol lo miro, melancólicamente desolado
      como el feo pensamiento de un idiota.
Digo estas cosas con la tristeza de quien a solas dice
      cuántos años
y deja caer la inútil mano sobre la frescura del mimbre
      y en su comodidad encuentra algún consuelo.

LA RUINA

La casa que la luz fuerte derriba
me da un gusto de polvo en la garganta,
me deslumbra
como un dolor su lenta decisión de morir, su fatigosa
decisión de morir, su pena inmensa.
Raída para siempre, qué trabajo
le cuesta desprenderse de sí, cómo no sabe
y equivoca sus daños y confía
pero de pronto vuelve
a conocer este salvaje desgarramiento final y se decide
con aparente calma, silenciosa y magnífica en su horror,
hecha de polvo.

V

Padre mío Adán entre mi rostro vienes.
Oscuro ruido como de olas haces siempre
si en las noches deshecho en cada cuerpo
irguiéndote,
desplegando la cólera con tu soplo en las frentes
en costa de vigilia mal tiempo das a toda muerte.

Padre mío, contén pétreo de mi resuello,
por mi Calzada vienes abultando los pesos,
cimbrando el juncar frágil de antiguos esqueletos,
hinchando los rotundos pómulos de los negros,
espumando sus dientes, la playa lacia de los ciegos.

Padre mío Adán los odres vacíos combas,
como la mar derribas y alzas tus infinitas formas,
no sé qué admirarte más, si las torres o sus sombras,
y ya no me comprendo ni cuál sea entre tus olas,
cruje por mí un extraño y mi estatura fiel lo colma.

Ay de las velas rotas bajo las bóvedas en fiebre
donde mi padre sopla su pavor y se anochece,
por las fauces volviendo como un río hacia su fuente,
en los claustros del pecho se reanuda tristemente
y en los ojos vidriados de su esperanza amanece.

Padre, viejo Adán, en los niños te serenas
y en sus orillas ríes tranquilo tu promesa.

Lucía mejor en el reposo del Domingo, con sus gentes acalladas y ocultas, y sólo alguno que otro apacible pensamiento paseándola, sólo alguno que otro pasajero en traje de domingo.

Entonces estaba su ancha extensión desierta, libre y muy pura, gris como la ceniza o blanca como el polvo del mundo.

Pero en los días de entre la semana la fuga de sus gentes no cesaba, sonora y sorda, espléndida como un clamor, oscura y llena de angustias y fuerza como la sangre. Y más me conmovía atender a estas gentes, a su belleza extrañísima y pobre, como si atendiese a cada uno de sus pensamientos, secretamente conmovido como quien oye a un anciano hablar a solas, decir las diferentes, poderosas versiones de su vida.

Y a fuerza de tanto imaginarla mi propio corazón se iba callando.

MI ROSTRO

Como un extraño mi rostro se sorprende
cuando lo encuentro fugaz en los espejos,
sus labios tiemblan con angustioso dejo
como de infancia que cierta noche aprende

los harinados terrores del payaso.
Teme saberme tiniebla recubierto
de piel tan sólo, el instrumento incierto
donde mi nombre suena sordo. Acaso

si en el retablo lejano que desdoro
estas mis cejas nocturnas elocuentes
en las diversas especies del azoro,

el hondo surco, esta nariz sapiente
vieran al centro de mi pausado coro
quién el tambor del pecho dobla hiriente.

FRANCISCO

Éste, el de las anchas órbitas
donde las sombras se reposan, frescas,
como en la Caja de las Aguas.

El de las manos montaraces,
con nudos secos, pero prontas
de alas como garzas.

El de cara sedienta,
donde le juega su malicia
como las nubes con el sol de junio.

Éste, derecho, fiel, agudo,
este hombre de bien,
este Francisco.

EL JUGADOR

Digo la pena y el oscuro lienzo
en que la tarde borda sus descuidos
y las fatales gracias del olvido
que nos vacía la paz, y el piano intenso,

torpe y profundo en su inocencia vana,
que apura el blando tedio hasta la muerte.
la fabulosa corte de la suerte
que dulcemente minia la ventana

sobre la tabla de amargura suave,
reyes y bastos y las copas llenas
de una soñada sombra y lento rayo

de las espadas como bando de aves,
breve Creación que su paciencia llena
de alucinantes oros y caballos.

EL POBRE

Éste es el pobre cuyo rostro ahondan
los fatigosos pasos de su vida
como a la piedra ahonda la temida
costumbre inapelable de la ronda.

Estos los surcos rígidos de sombra
donde no corre mansa la sonrisa,
cauce cavado en lívida ceniza
tal es el surco que su boca asombra.

Henchida de tiniebla permanente
su nariz es la bestia que se ampara
junto a los ojos a su noche abiertos.

Y quién es éste, níveo de relente,
que las aguas nocturnas apartara
resplandeciendo casto al descubierto.

LA MUCHACHA

Mirar a una muchacha refresca,
como el olor de una rosa la tiniebla
pesadamente infinita del aliento.
Mirarla es como mirar una palma,
esbelta madre joven
y bendición criolla de las noches diáfanas.

Crecida en sombra de las Vegas,
la muchachita vegetal, con la toca
de serenísimo hilo, por el aire
conocedor del Domingo mencionada.

Mientras la iglesia en imagen te aquieta,
dulce aroma del tiempo, hija del hombre,
mirarte es un orgullo melancólico.

EL RETRATO DE
CARLOS MANUEL DE CÉSPEDES

Tan callado el maestro, y tan derecho.
  La tinta nueva, cuyo aroma vasto
  un tamarindo cruza más el rastro
del hurón, más el río contra el pecho.

Tan callado el maestro, y tan derechos
estos muchachos. El oscuro paño
de su traje gastado por los años
qué les enseña, fiel. —Y tan derechos!

Sueño y silencio de sus ojos parcos
su frente sola ilustra la pureza
qué austero juego amable han señalado.

Su perilla nocturna, el recio arco
del bigote. —Y en tanto que regresa
el maestro de siempre, tan callados!

EL DESCONOCIDO

Pasajero de blanco y suave lino
a quien la tarde borra entre sus oros,
con ágil paso y mágico decoro
te nos vas a la noche y tu destino.

Hace un instante su rostro parecía
como en familia eterno conocido,
nos alegró de verlo detenido
por el favor fugaz de su alegría.

Los portales, la luz, su furia breve
y aquel horror inútil que venía
del almacén donde la luna bebe,

la soledad del hombre no existía,
que la tornaba soportable y leve
su religioso adiós, la cortesía.

ESTA MUJER

Esta mujer que reclinada
junto a la borda inmóvil de su casa
soporta con las manos arrugadas
el peso dócil de su tedio,
sólo escuchando el tiempo que le pasa
sin gracia ni remedio.

Esta mujer, desde la borda
blanca de su balcón, que el patio encierra,
mira correr, ansiosa y sorda,
la estela irrestañable de la tierra.

LA TELA

En el cordel la tela desvaída,
con el rosa formado de la tierra
pesándole cenizas, caída
sabe de la pereza que destierra.

Donde los aires ya no tienen figura
ni el agua nombre, apenas si tacto,
donde será cuándo lo exacto
estarse, sin señales aun de amargura,

la ropa pierde sin miedo sus colores
al ojo ciego de un sol que se mira
sin entenderse los fuegos. Los dolores
de la muerte no son, la tela ni suspira.

EL ÓMNIBUS OSCURO Y EL TRANVÍA

El ómnibus oscuro y el tranvía
    con su dorada magia polvorienta
    vienen mugiendo por la tarde lenta
como en salvaje fiesta y viejo día.

Crujidores y espesos y a porfía
van devorando las horas cenicientas.
El ómnibus oscuro representa
qué vaga bestia, y el capaz tranvía

es como un buey cuya increíble forma
van reduciendo a sigilosa norma
la bendita costumbre y la pobreza,

y que al caer la noche y el descanso
lo va ilustrando como un fuego manso
qué servicial y mágica belleza.

EL COMERCIANTE

El comerciante que la puerta cierra
con mano cuidadosa y ágil ceño,
a qué tiniebla parda, que no a un sueño
despacio se devuelve, y en qué tierra

cavada está y profunda la caverna
con las hileras de cristales fríos
como los astros que fingen en los ríos
la cercanía de la noche eterna,

los ricos bultos que su mano dora,
la minuciosa nieve, los sonidos
que hace girar su impenetrable intento.

Aquel olor lujoso que demora
el paso de sus ojos al olvido
será el grosor perpetuo de su aliento.

EL NEGRO DE LAS IMÁGENES

El surcado de Dios, el pesaroso
de tanta noche que jamás entiende
cuando la bestia entre su piel distiende
la rueda de su voz, el rumoroso

nocturno como un árbol, ciego y ronco
de los secretos himnos de su aliento,
despacio inicia recio movimiento
como si el aire le cogiera el tronco,

sus manos, como ramas que en la sombra
figuran la raíz hacia la fuente,
apartan la espesura, y lentamente

va naciendo la imagen, como alondra
cuya belleza cuidadoso nombra
y luego inmóvil refleja sonriente.

VI

NOSTALGIA DE POR LA TARDE

A Bella

El que tenía costumbre de poner las manos
sobre la mesa blanca junto al pan y el agua,
traje rugoso de fervor y alpaca,
y aquella su esperanza filial en los domingos,

ya no conmueve nunca el suave pensamiento
de la fronda
con el doblado consejo de su paso.
Y el taciturno banco entre los álamos dormido
y aquel campito hirsuto a quien las lluvias respetaban.

Qué tedio los sepulta como la muerte a los ojos
que no los cruza nunca la bendición de unas palomas,
que tengo que soñarlos, mi amiga, tan despacio
como quien sueña un grave color que nunca viera,

como quien sueña un sueño y eso es todo.
Porque quién vio jamás pasar
el viejecillo
de cándido sombrero bajo el puente
ni al orador sagrado en la colina.

Yo vi al lagarto de liviana sombra
distraerse de pronto entre su sangre,
quedar inmóvil, sí, tumbado,
pesando e incapaz de confundirse ya nunca
con la tierra.

El que tenía costumbre de cruzar las manos
sobre la mesa blanca para mejor mirarnos,
su mueca de morir cuándo la he visto,
su mueca parda.)

He visto al pez de indestructible púrpura,
en la mañana arde como criatura perpetua de la llama,
olvida los trabajos mugrientos de su sangre,
yace perfecto y la madera sagrada lo levanta.

Pero quién vio jamás
el ruedo misterioso de tu falda
mientras cortas las rosas en la tarde
ni el roce y la tristeza de la lluvia
como un ajeno llanto por mi cara.

Porque quién vio jamás las cosas que yo amo.

VII

EL SITIO EN QUE TAN BIEN SE ESTÁ

1

El sitio donde gustamos las costumbres,
las distracciones y demoras de la suerte,
y el sabor breve por más que sea denso,
difícil de cruzarlo como fragancia de madera,
el nocturno café,
bueno para decir esto es la vida,
confúndanse la tarde y el gusto,
no pase nada, todo sea
lento y paladeable como espesa noche
si alguien pregunta díganle
aquí no pasa nada, no es más que la vida,
y usted tendrá la culpa como un lío de trapos
si luego nos dijeran qué se hizo la tarde,
qué secreto perdimos que ya no sabe,
que ya no sabe nada.

2

Y hablando de la suerte sean los espejos
por un ejemplo comprobación de los difuntos,
y hablando y trabajando
en las reparaciones imprescindibles del invierno,
sean los honorables como fardos de lino
y al más pesado trábelo
una florida cuerda y sea presidente,
que todo lo compone,
el hígado morado de mi abuela y su entierro
que nunca hicimos como quiso porque llovía tanto.

Ella siempre
lo dijo: tápenme
bien los espejos,
que la muerte presume.

Mi abuela, siempre
lo dijo: guarden
el pan,
para que haya
con qué alumbrar la casa.

Mi abuela, que no tiene,
la pobre, casa
ya,
ni cara.

Mi abuela,
que
en paz descanse.

4

Los domingos en paz me descansa
la finca de los fieles difuntos,
cuyo gesto tan propio,
el silencioso "pasen" dignísimo
me conmueve y extraña
como palabra de otra lengua.
En avenidas los crepúsculos
para el que, cansado, sin prisa
se vuelve por su pecho adentro
hacia los días de dulces nombres,
jueves, viernes, domingo de antes.

No hay aquí más que las tardes
en orden bajo los graves álamos.
Las mañanas, en otra parte,
los noches, puede que por la costa.)
Vengo de gala negra, saludo,
escojo, al azar, alguna,
vuelvo, despacio, crujiendo hojas
de mi año mejor, el noventa.
Y en paz descanso estas memorias,
que todo es una misma copa
y un solo sorbo la vida ésta.
Qué fiel tu cariño, recinto,
vaso dorado, buen amigo.
Un sorbo de café a la madrugada,
de café solo, casi amargo,
he aquí el reposo mayor, mi buen amigo,
la confortable arcilla donde bien estamos.
Alta la noche de los flancos largos
y pelo de mojado algodón ceniciento,
en el estrecho patio reza
sus pobres cuentas de vidrio fervorosas,
en beneficio del tranquilo,
que Lodo lo soporta en buena calma y cruza
sobre su pecho las manos como bestias mansas.
¡Qué parecido!, ha dicho, vago búho,
su gran reloj de mesa,
y la comadre cruje sus leños junto a la mampara
si en soledad la dejan,
como anciana que duerme sus angustias
con el murmullo confortador del viento.
De nuevo la salmodia de la lluvia cayendo,
lentos pasos nocturnos, que se han ido,
lentos pasos del alba, que vuelve
para echarnos, despacio, su ceniza
en los ojos, su sueño,

y entonces sólo un sorbo de café nos amiga
en su dulzura con la tierra.

6

Y hablando del pasado y la penuria,
de lo que cuesta hoy una esperanza,
del interior y la penumbra,
de la Divina Comedia, Dante: mi seudónimo,
que fatigosamente compongo cuando llueve,
verso con verso y sombra y sombra
y el olor de las hojas mojadas: la pobreza,
y el raído jardín y las hormigas que mueren
cuando tocaban ya los muros del puerto,
el olor de la sombra
y del agua y la tierra
y el tedio y el papel de la Divina Comedia,
y hablando y trabajando
en estos alegatos de socavar miserias,
giro por giro hasta ganar la pompa,
contra el vacío, el oro y las volutas,
la elocuencia embistiendo los miedos,
contra la lluvia la República,
contra el paludismo quién sino la República
a favor de las viudas
y la Rural contra toda suerte de fantasmas:
no tenga miedo, señor, somos nosotros, duerma,
no tenga miedo de morirse,
contra la nada estará la República,
en tanto el café como la noche nos acoja,
con todo eso, señor, con todo eso,
trabajoso levanto a través de la lluvia,
con el terror y mi pobreza,
giro por giro hasta ganar la pompa,
la Divina Comedia, mi Comedia.

Tendrá que ver
cómo mi padre lo decía:
la República.

En el tranvía amarillo:
la República, era,
lleno el pecho, como
decir la suave,
amplia, sagrada
mujer que le dio hijos.

En el café morado:
la República, luego
de cierta pausa, como
quien pone su bastón
de granadillo, su alma,
su ofrendada justicia,
sobre la mesa fría.

Como si fuese una materia,
el alma, la camisa,
las dos manos,
una parte cualquiera
de su vida.

Yo, que no sé decirlo:
la República.

8

Y hablando y trabajando
en las reparaciones imprescindibles del recuerdo,
de la tristeza y la paloma
y el vals sobre las olas
y el color de la luna, mi bien amada,
tu misterioso color de luna entre hojas,
y las volutas doradas ascendiendo
por las consolas que nublan las penumbras,
giro por giro hasta ganar la noche,
y el General sobre la mesa erguido
con su abrigo de hieles,
siempre derecho, siempre:
¡si aquel invierno ya muerto cómo nos enfría!
pero tu delicada música,
oh mi señora de las cintas teñidas en la niebla,
vuelve si cantan los gorriones sombríos en las tapias,
a la hora del sueño y de la soledad, los constructores,
cuando me daban tanta pena los muertos
y bastaría que callen los sirvientes,
en los bajos oscuros, para que ruede
de mi mano la última esfera de vidrio
al suelo de madera sonando sordo
en la penumbra como deshabitado sueño.

9

Tenías el portal
ancho, franco, según se manda,
como una generosa
palabra: pasen—reposada.

Se te colmaba
la espaciosa frente, como

de buenos pensamientos,
de palomas.

Qué regazo el tuyo
de piedra, fresco, para
las hojas!

Qué corazón el tuyo,
qué abrigada purpura,
silenciosa!

Deshabitada,
tu familia
dispersa, ciegas
tus vidrieras,

qué sola te quedaste,
mi madre, con tus huesos,
que tengo que soñarte, tan despacio,
por tu arrasada tierra.

10

Y hablando de los sueños
en este sitio donde gustamos lo nocturno
espeso y lento, lujoso de promesas,
el pardo confortable,
si me callase de repente,
bien miradas las heces,
los enlodados fondos y las márgenes,
 las volutas del humo, su demorada filtración
giro por giro hasta llenar el aire,
aquí no pasa nada, no es más que la vida
pasando de la noche a los espejos
arreciados en oro, en espirales,

y en los espejos una máscara
lo más ornada que podamos pensarla,
y esta máscara gusta
dulcemente su sombra en una taza
lo más ornada que podamos soñarla,
su pastosa penuria, su esperanza.
Y un cuidadoso giro
azul que dibujamos soplando lento.

VIII

CALLE TRANSVERSA

Por el portal que duerme reposado en sus
                                    columnas
cruza la brisa de pie descalzo y ágil.
Breve sentencia del laurel la despide.
Pasajero el viento, mendigo de guitarra y mimbre,
llega cantando, alto, entre los álamos.
Es aquí donde ruedan despacio con el mundo
las juiciosas ventanas. Vagos despiden sus encajes
al que se marcha y vuelven a contemplarse la espuma
violeta de la orla en los cristales.
Dulzura de las calles ocultas, aquí empieza
el amado remanso en que los tiempos se descansan.
La capa del otoño en los tejados
y el sabor de la infancia en las mamparas
sentenciosas y augustas que la penumbra calan
favorables al triste le son como las aguas,
y el silencioso recoge sus memorias
en torno de su cuerpo vestido de reflejos
como el que abriga su fiebre con alegres mantas.
Una nostalgia lenta nublando las esquinas
dentro del polvo ha esparcido su tamaño,
en el portal doblega sus enlutados hombros
y un rey anciano cruza los vidrios niños de la charca.
Nombra el fino laurel sus alabanzas
y los arcos contemplan su lanuda espalda.
En ellos vuelven del día las palomas
suaves ardiendo a su estancia, nevándola,
y por esta figura se reposan los sueños
en el seno del árbol, de la verja, del hombre,
volviéndose reales como los ángeles.

IX

En la garganta nocturna del solar y a la candela
                                marchita de la fiebre
aquellas túnicas atroces, aquellas lenguas mora-
das
                                para el hambre
confirmaban abismos irremediables en el miércoles
y daba vértigos saber cómo un mismo polvo
con el polvo de Roma les devoraba las sienes
y cómo es una misma semana la que pierdo.

LOS PATIOS, EL CREPÚSCULO

Aquí los niños juegan en las salas del polvo
suaves moviendo el torpe sueño de las cosas
cuya penumbra cruzan sus manos como
las palomas
a imagen de los ángeles en el principio del mundo
cuando sus alas esparcían la bendición y las figuras.
Juegan los niños callados, misteriosos llaman
Pablo y María, Juan y Pedro solemnes dicen
tan bajo que apenas conmueven el crepúsculo.
Abren sus ojos amplios en el silencio fijamente
arden vacíos como espejos o estrellas,
de pronto inmóviles miran huir las nubes
cuyas heladas sombras como las aguas van colmándolos.
Basta un gesto muy leve para iniciar el vuelo
de muchos años como los recios dardos o las garzas,
quizás si el índice menudo que los aires ciegan
trazara el primer discurso de la ceniza
o la demencia más grave de alguna muerte.

Juegan con piedras, con las maderas edifican
el esqueleto gracioso de la bestia grande,
sus huesos de colores, su bella piel lujosa siempre,
y el grito que levantan alto como aguda lanza
extiende los costados escarlatas y densos de la tienda
donde sentados reposarán las manos como
los patriarcas.

La pequeña doncella el suave lienzo de una pena teje
mientras tranquila rehace sus cabellos claros
como una reina cuyo danzante peine rige
deslumbrándonos,

en tanto que los otros sueltan sus naves en
                              las quietas aguas
de la charca profunda como la vida misma
que circunvalan lentas a sus puertos volviendo
al caer del invierno cuando la lluvia nace.
Pablo y María, Juan y Pedro solemnes dicen
recuerdas nuestra calle, la criatura extraña
en cuyo lomo blanco alegres paseábamos
bajo la carpa morada de la tarde
alegres dicen mi padre se llamaba Juan
y los ecos recogen la voz como una esfera roja
que devuelven con giro de lentitud magnífica
y el sofocado paño que la recibe llámase silencio,
es el olvido ciego de hondo pecho
como la mar surcado de tales peces radiantes.
Ignoran el oficio sagrado que sus gestos cumplen,
hilan y labran, danzan como instrumentos
                              deslumbrados
en las secretas salas de mi polvo jugando.

LOS PORTALES, LA NOCHE

I

En qué piedras desiertas durmió la noche solita-
　ria,
　la madre, la mendiga nuestra de huesos anchos
　　　　　　　　　　　　　　　　　　　y hondos
harapos de morado espesor para su cansancio.
Secos, recios de polvo son estos cenicientos claustros
que llenan con su cólera mineral, la deslumbrante
como la brasa virgen dentro del pecho iluminado,
los blancos mediodías de pesarosas nubes lentas.

2

El ciudadano, cíclope de ojo feroz, el sol
retorna indiferente arrastrando su fleco ígneo
entre los adensados arcos que hienden la penumbra
como soldados gruesos de una soberbia incalculable
pero que basta, viejas lamentadoras de difuntos,
oh mis abuelas ciegas, las que lloráis mis dulces tardes,
para que la familia ciña sus sombras, sus olvidos,
y busque la tranquila pobreza de los hondos patios.

3

Es Roma, la ciudad impasible, sorda renaciendo
con el semblante vuelto hacia los tiempos de la muerte,
hacia su imagen terca lamida por ajenos llantos,
en sus hijos alzándose, vuelve, campesino férreo,
éstos serán sus rasgos macizos, estos corredores
donde las verjas sellan crueles macilentos párpados.

4

Cesárea, rincón tardío y el muy ligero pie
rosado de Pompeya la cortesana lapidada,
los fatigosos muros de Rávena, sombría posta,
los jardines que lindan con el pantano gris del bárbaro
y la callada torre de Iberia junto al océano
cuyo clamor asombra la deslumbrante sien de Hércules,
aquí la semejanza o imagen cierta de mis padres
el trazo de sus huesos, la voz ruinosa de sus manos
alzadas al nocturno árbol con hambre inaplazable.

5

Torreados abuelos la forma grave de sus cráneos
irguieron en el páramo que cierra el Paraíso
luego de la primer mañana brutal de la caída,
mas la Familia duerme a la intemperie de la noche
abrigada del buey, de la madera en leve llama.

6

El rostro de Caín que temible de pavor amura
la semilla oculta de su bramante soledad
y los cabellos suaves de Abel como las espigas
que a la tarde sueñan la nieve del vencido pórtico,
los ojos de Moisés, ardientes vitrales en el templo,
los jardines que cuelgan como ensortijadas barbas
floridas de preciosas luces y los triunfales arcos
en las colinas como fauces de oración espléndida,
y al fin, oh mis señores de piel raída por la lluvia
que vomitan las gárgolas atoradas mortalmente,
vosotros, contrafuertes pardos, iglesias, castellanos.

7

Las sagradas durmientes, las islas apacibles sueñan
tejiendo las nevadas barbas del mar con sus cabellos
un amoroso lienzo a las estrellas agradable.
La muerte, suave dardo bajo las ramas su mirada,
va deshaciendo lenta como los dedos pensativos
de una joven los blancos pétalos de su flor las formas
y la terrible fuerza de su belleza desconoce.
El perro mudo ignora las frías sendas de la luna
y hermosas son las palmas antes que la primera llama
en los espejos labre su vanidosa soledad.
Es el Alba, la breve corza que se reclina y sueña
su cristalina imagen, dulce figura de la nada.

8

Torreados abuelos, engendradores de ciudades,
el curvado velamen henchido por el sol y el verbo
soplado, fuego regio, en los ijares del caballo,
extendéis las nociones de las imágenes doradas,
el vítreo abismo y la terrible división
de la pobreza suma y el esplendor de las tinieblas.

9

Sólida frente, bóveda cerrada, grueso puño,
el día en la isla engendra la suntuosa prole,
lo   deslumbra, terrible, su bello rostro y sueña vasto
con majestuoso gesto de larga nube declamando
las proporciones lúcidas de su fuerza, su esperanza.

Secos, recios de polvo, son estos sus macizos rasgos,
estos claustros ardientes, los corredores desollados
por el rigor enorme de la ceniza carpintera
que las ventanas clava cegando la pupila parda.
En la pobreza tierna de los profundos patios sueña
la familia los justos nombres de sus jarrones ciegos
y las abuelas bordan en la penumbra sus recuerdos
amistados del buey, de la madera, en leve llama.

II

Qué piedras desoladas para tu vela, solitaria.
El sol, el ciudadano de áurea garganta, lívido
recoge su pesada toga de hirviente lino, vuelve.
Oh noche pobre, madre callada, labradora, virgen,
a las cerradas puertas del Paraíso nos recoges
en tu regazo ancho, nos calma tu espesura, madre,
tu púrpura, tu roto lienzo, oh harapienta, guárdanos!
En tanto doloroso mi resuello de oro echo
sobre la cal desierta del pecado.

X

Oigamos, calle mía, el golpe de tu abrazo fuerte,
mi sueño y la memoria, el corazón y la pobreza.

Las casas han reunido sus armoniosas pesadumbres
olvidando severas la tentación de las distancias,
finísimos brocados de la nostalgia y de la muerte,

mas a mi paso nombran atardecidos los tesoros
que les diera la infancia, con lentitud de monjes,
los portales, las manos rezadoras y sabias
cuyas cuentas de vivo coral los caminantes somos,

y por mis hombros crujen las libreas espléndidas,
añiles y escarlatas, de las vidrieras áureas,
las armas, las materias de mi baraja de semanas.

Siento ahora la lluvia lenta por mi rostro
como el llanto de un extraño a quien bendigo,
y entre las fibras del corazón, como la noche,
siento latir el tiempo de la madera.

Y mis antiguos gestos escucho ciegamente
que las tranquilas verjas de cada tarde cimbran,
en las campanas halla la lengua que la forma
esta indecible gravedad de mi gozo.

Las albas ciñen los agobiantes huesos míos,
viento y tiniebla son el resuello de mi boca,
el paso de los sueños estremece las tablas de mi rostro,
su estruendo, rojo tumulto de incesantes máscaras.

Sagrado imperio la sangre nuestra del sonido,
qué lejanía basta para saberla cántico,
ni qué ocio profundo como las manos anchas
que cruza Dios sobre su pecho en calma.

Made in the USA
Middletown, DE
29 April 2024

53597553R00066